Von AMY KROUSE ROSENTHAL und PARIS ROSENTHAL

Für mein Mädchen

Illustriert von HOLLY HATAM

Für Sadie und Charlie. In Liebe A.K.R. und P.R.

In Gedenken an A.K.R., deren Worte diese Welt zu einem besseren Ort machen – H.H.

cbj

Mein Mädchen,

melde dich zu Wort!
Du hast kluge Sachen zu sagen.

Mein Mädchen,

manchmal ist dir vielleicht
nach Rosa und Glitzer zumute.

Manchmal möchtest du
genau das Gegenteil davon.

Mein Mädchen,

schau dich im Spiegel an.
Bedanke dich bei etwas, das dich
zu dem Menschen macht, der du bist.

Mein Mädchen,

manchmal musst du dich einfach ausheulen.

Manchmal brauchst du
eine Freundin.

Manchmal willst
du alleine sein.

Manchmal wirst du
ein Taschentuch brauchen.

Und manchmal einen ganzen Eimer.

Mein Mädchen,

weißt du, dass man nie
genug Fragen stellen kann?

Mein Mädchen,

schreibe ab und zu deine Gedanken auf,
auch wenn du nur genießen willst,
wie sich dein Stift auf dem Papier anfühlt.

noch reichlich Platz!", erwiderte Alice entrüstet und setzte sich ans ande-
ende in einen hohen Lehnstuhl. „Nimm dir etwas Wein!"
d. Alice spähte über den Tisch, konnte aber nur Tee
Wein!", sagte sie. „Ist auch keiner da!", antworte-
flich von dir, mir welchen anzubieten!", versetzte
h von dir, dich uneingeladen an unseren Tisch zu
sste nicht, dass es euer Tisch ist", rechtfertigt-
r Leute gedeckt." „Du müsstest dir mal die Haa-
macher, der Alice bisher nur neugierig angestarrt
ungen!", wies Alice ihn zurecht. „Das tut man ni-
t die Augen auf, sagte aber nur: „Warum gleicht
t wird's lustig!, dachte Alice. Die raten Rätsel,
as krieg ich 'raus", sagte sie. „Willst du damit s-
finden kannst?", fragte der Märzhase. „Genau!"
du sagen, was du meinst", bemerkte der Märzha-
tig. „Wenn ... wenigstens mein ich, was ich sage.

Mein Mädchen,

richte dein Zimmer fantastisch ein.

Mach es zu deinem Zimmer.

Und wenn du schon dabei bist,
mach auch dein Bett.

Abenteuer lohnt sich.
– Amelia Earhart

Mein Mädchen, verliere nie deine Fähigkeit zu staunen.

Mein Mädchen,

manchmal musst du einfach alles stehen und liegen lassen ...

... UND TANZEN!

Mein Mädchen,

finde Seelenverwandte.

Und Menschen,
die ganz anders sind als du.

Mein Mädchen,

sei eine gute Freundin.

Denk dir verrückte
Begrüßungen aus

und bescheuerte Witze,
die nur ihr versteht.

Mein Mädchen,

wenn dein Gefühl dir sagt,
du solltest Nein sagen,

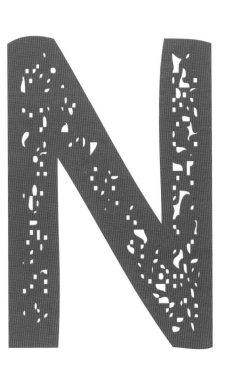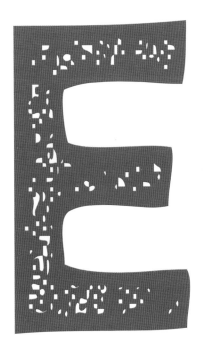

dann sage Nein.

Mein Mädchen,

es macht Spaß auch

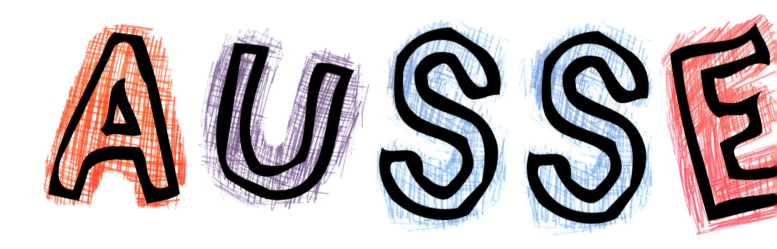

der Linien zu malen.

Mein Mädchen,

es gibt keine Regeln, die dir vorschreiben, was du tragen sollst

oder wie deine Frisur
auszusehen hat.

Mein Mädchen,

weißt du, was
wirklich
langweilig ist?

Wenn

Menschen

sagen,

wie

GELANGWEILT

sie sind.

Mein Mädchen,

du bist mutiger, als du denkst.

Mein Mädchen,

du wirst nicht
zu jeder Party auf der Welt
eingeladen sein.

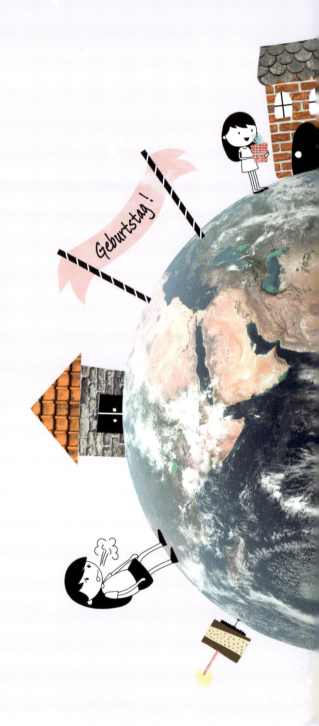

(Was wirklich in Ordnung ist –
kannst du dir vorstellen,
wie anstrengend das wäre?)

Mein Mädchen,

unter einem Baum ist der perfekte Ort,

um in Ruhe nachzudenken.

Mein Mädchen,

wann immer du eine Ermutigung brauchst,
denke daran, dass du jede Seite
in diesem Buch aufschlagen kannst.

Vor allem aber,
mein über alles geliebtes Mädchen,
denke daran, dass du dich
immer, immer, immer ...

an mich wenden kannst.

2. Auflage
© Text 2017 Amy Krouse Rosenthal & Paris Rosenthal
© für die deutschsprachige Ausgabe 2018
cbj Kinder- und Jugendbuchverlag
in der Verlagsgruppe Random House GmbH,
Neumarkter Str. 28, 81673 München
Alle deutschsprachigen Rechte vorbehalten
First published as »Dear Girl« by HARPER, an imprint of
HarperCollinsPublishers
Illustrationen von Holly Hatam
Aus dem Amerikanischen von Anette Weiß
Umschlaggestaltung: Lena Ellermann (nach dem Jacket
design von Jeanne Hogle)
Umschlagillustration: © Holly Hatam
aw · Herstellung: UK
ISBN 978-3-570-17642-9
Printed in the Czech Republic
www.cbj-verlag.de

MIX
Papier aus verantwor-
tungsvollen Quellen
FSC® C005833

Verlagsgruppe Random House FSC® N001967